쉬운 EASY 베스트 계이름 1

일신서적출판사

차 례

피아노 건반

피아노 건반은 흰건반과 검은건반으로 되어 있습니다.
검은건반은 흰건반 사이에 2개나 3개씩 함께 있습니다.

검은건반 ← / → 흰건반

 검은건반에 색칠해 보세요.

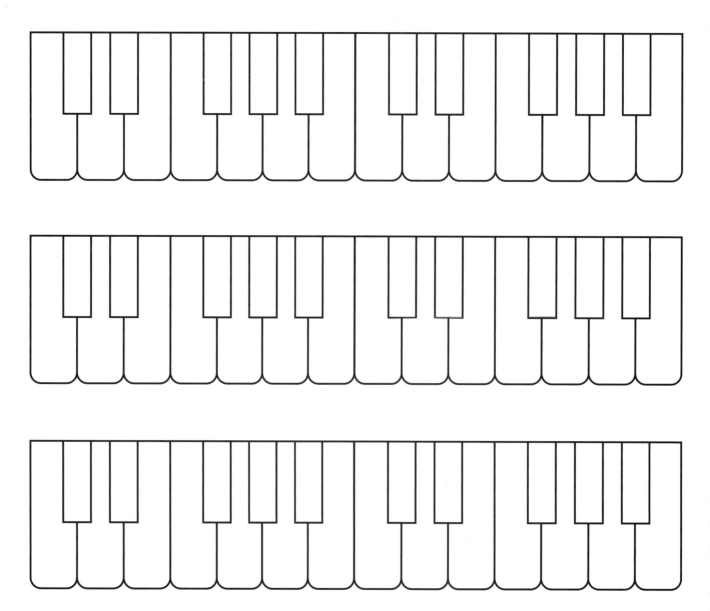

 2개씩 짝지어진 검은건반에 ◯ 해 보세요.

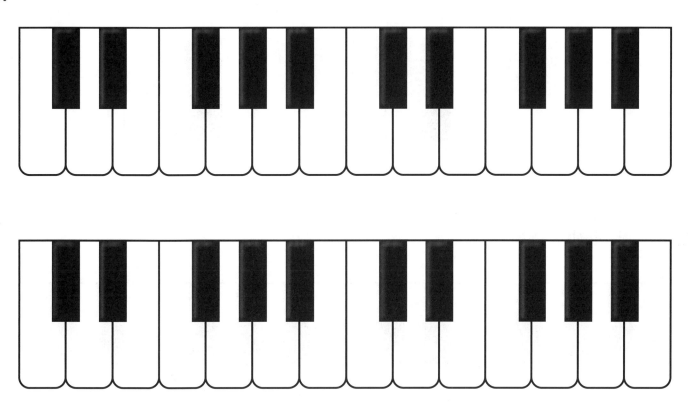

 3개씩 짝지어진 검은건반에 ◯ 해 보세요.

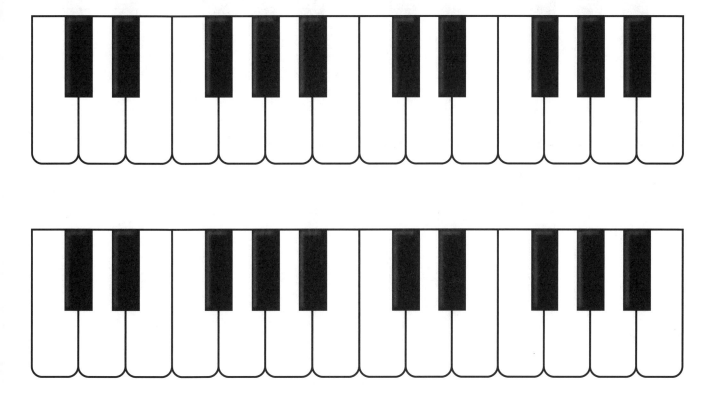

함께 있는 2개의 검은건반의 맨 앞에 있는 흰건반을 '도' 라고 합니다.

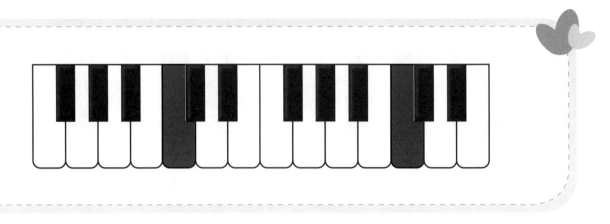

 '도' 에 색칠해 보세요.

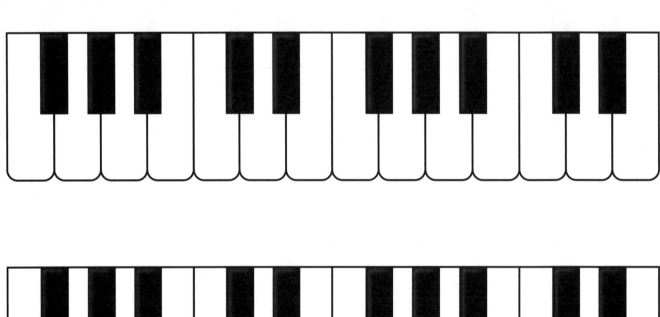

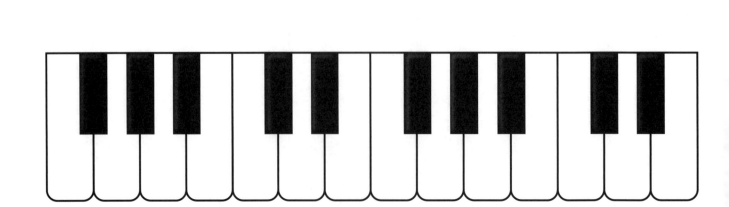

함께 있는 2개의 검은건반 사이에 있는 흰건반을 '레' 라고 합니다.

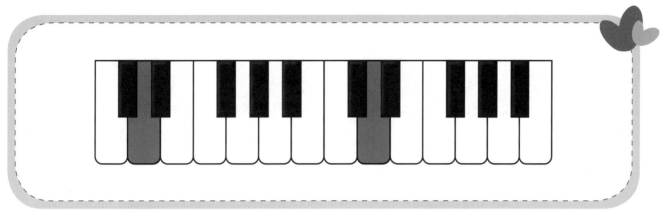

 '레' 에 색칠해 보세요.

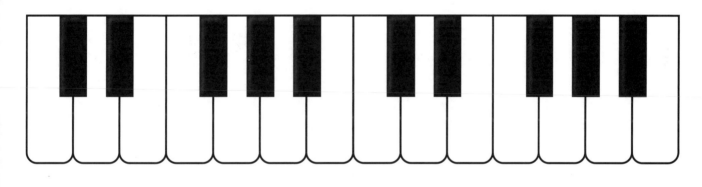

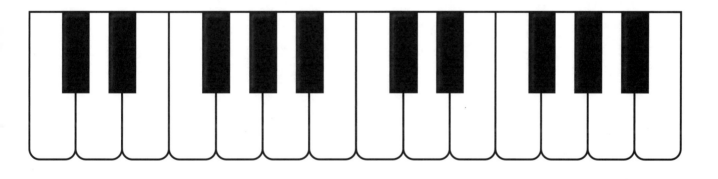

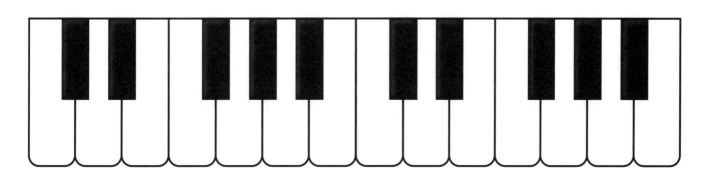

함께 있는 2개의 검은건반의 맨 뒤에 있는 흰건반을 '미'라고 합니다.

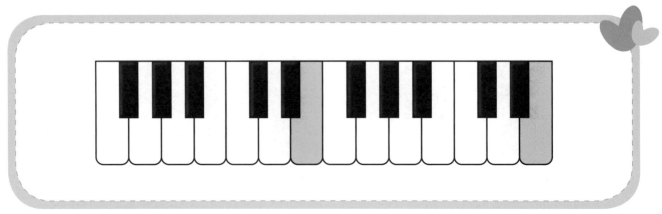

 '미'에 색칠해 보세요.

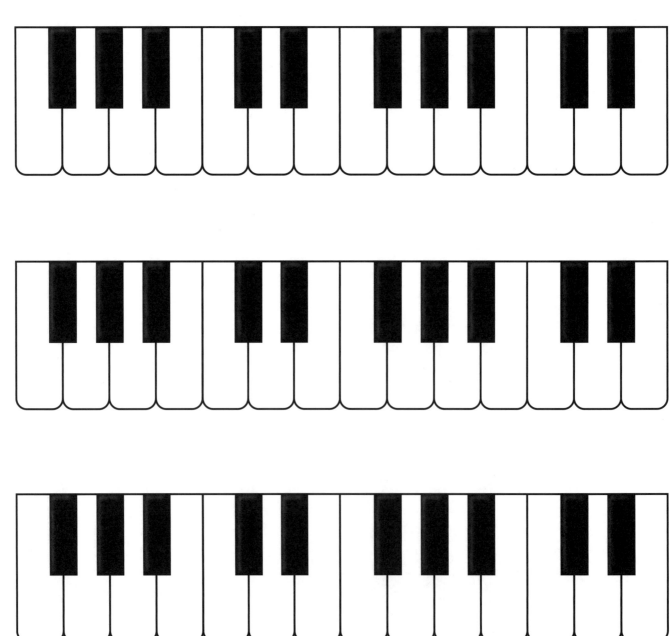

함께 있는 3개의 검은건반의 맨 앞에 있는 흰건반을 '파' 라고 합니다.

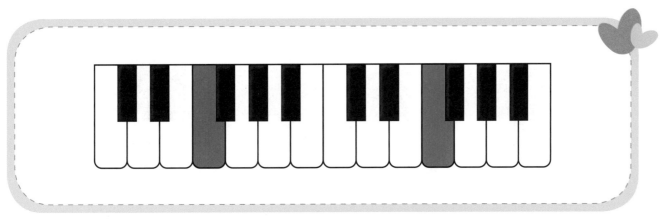

 '파' 에 색칠해 보세요.

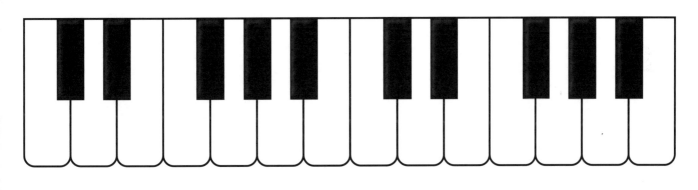

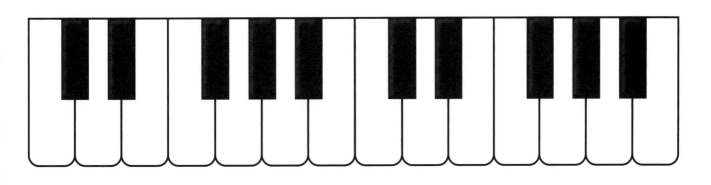

함께 있는 3개의 검은건반의 두 번째 흰건반을 '솔'이라고 합니다.

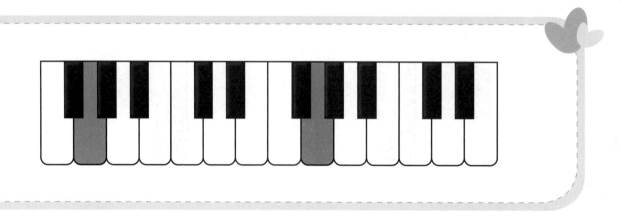

 '솔'에 색칠해 보세요.

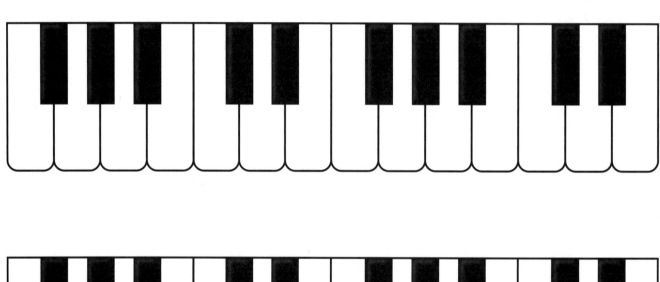

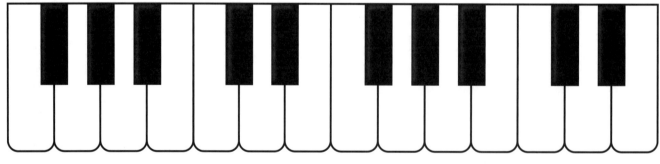

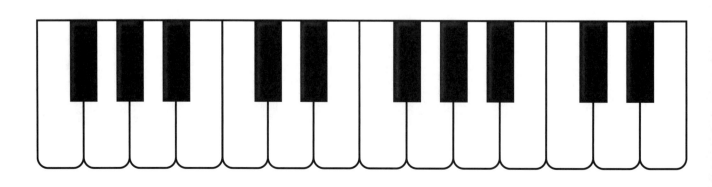

함께 있는 3개의 검은건반의 세 번째 흰건반을 '라' 라고 합니다.

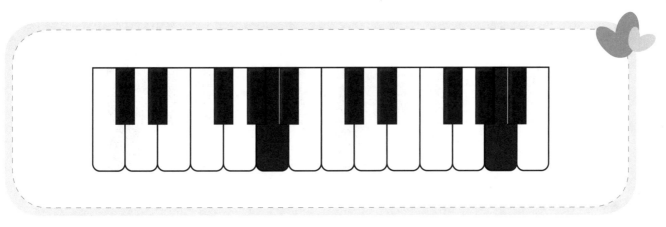

'라' 에 색칠해 보세요.

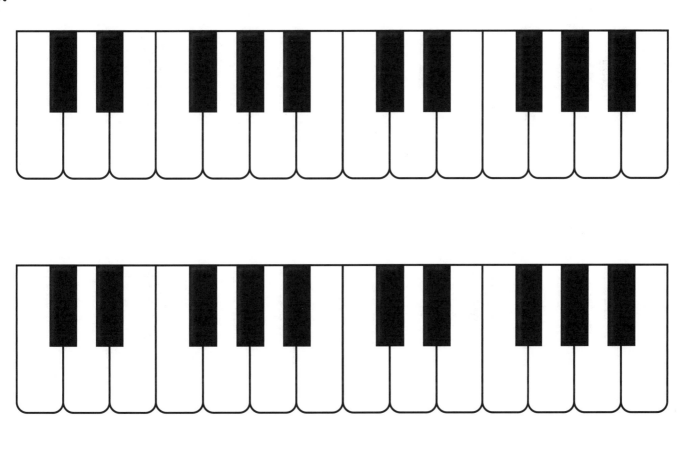

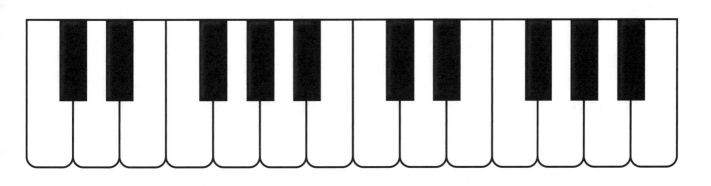

함께 있는 3개의 검은건반의 마지막 흰건반을 '시' 라고 합니다.

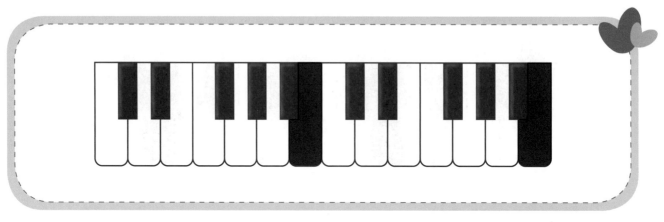

 '시' 에 색칠해 보세요.

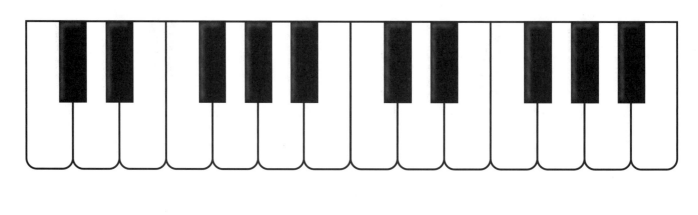

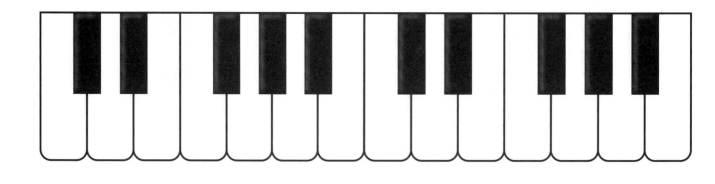

흰건반의 계이름을 따라 써 보세요.

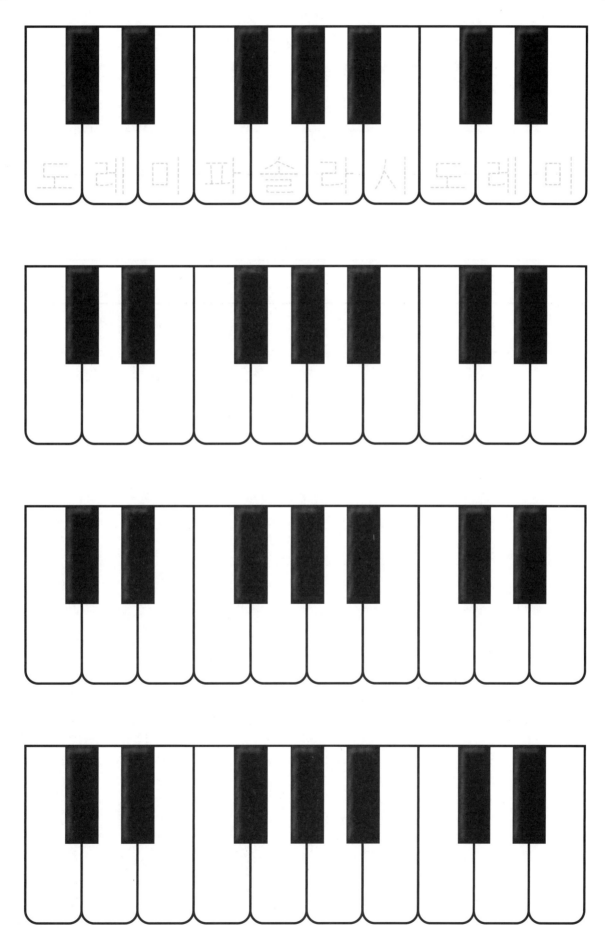

악보를 그리기 위한 다섯 개의 줄을 오선이라고 합니다.

_____

_____

_____

_____

🚌 점선을 따라 오선을 그려 보세요.

- -

- -

- -

- -

- -

🛸 따라 써 보세요.

| 오 선 | 오 선 | 오 선 | 오 선 |

| 줄 | 줄 | 줄 | 줄 |

줄과 줄 사이를 칸이라고 합니다.

칸에 있는 ◯에 색칠해 보세요.

따라 써 보세요.

오 선   오 선   오 선   오 선

칸   칸   칸   칸

🚌 줄을 따라서 그리고, 줄에 있는 ◯에 색칠해 보세요.

🚁 줄을 따라서 그리고, 칸에 있는 ◯에 색칠해 보세요.

선을 따라서 오선을 그리고, 줄 이름을 써 보세요.

다섯째 줄
넷째 줄
셋째 줄
둘째 줄
첫째 줄

 선을 따라서 오선을 그리고, 칸 이름을 써 보세요.

넷째 칸
셋째 칸
둘째 칸
첫째 칸

줄의 이름에 맞게 ◯ 해 보세요.

첫째 줄   둘째 줄   셋째 줄   넷째 줄   다섯째 줄

칸의 이름에 맞게 ◯ 해 보세요.

첫째 칸   둘째 칸   셋째 칸   넷째 칸

올라가는 음들을 따라서 그려 보세요.

내려가는 음들을 따라서 그려 보세요.

높은음자리표 : 높은 음을 나타낼 때 쓰입니다.

높은음자리보표 : 오선 위에 높은음자리표가 그려진
보표를 높은음자리보표라고 합니다.

 아래와 같이 따라 그려 보세요.

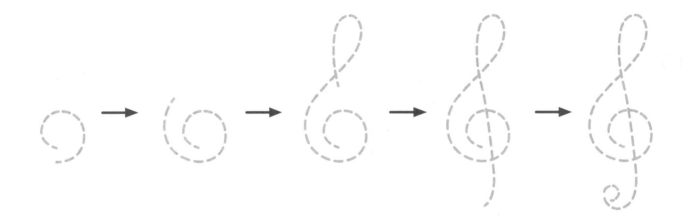

숫자를 차례대로 이어 높은음자리표를 완성해 보세요.

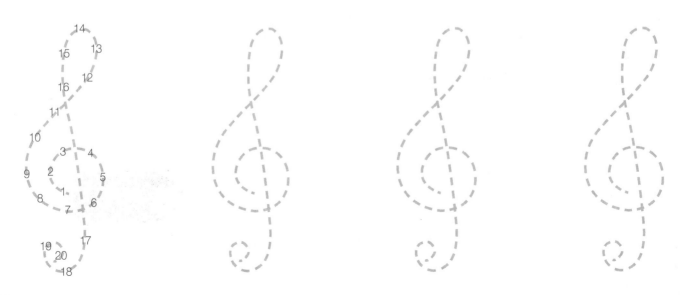

 높은음자리표를 따라서 그리고 써 보세요.

둘째 줄

높은음자리표　　높은음자리표

 오선에 높은음자리표를 따라서 그려 보세요.

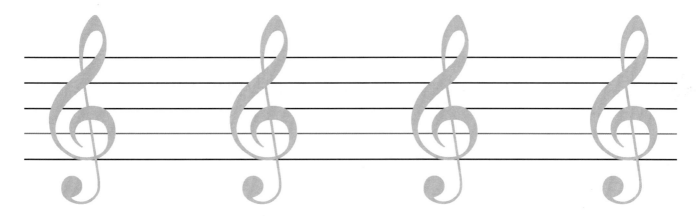

🚲 오선에 높은음자리표를 스스로 그려 보세요.

낮은음자리표 : 낮은 음을 나타낼 때 쓰입니다.

 **낮은음자리보표 :** 오선 위에 낮은음자리표가 그려진
보표를 낮은음자리보표라고 합니다.

 아래와 같이 따라 그려 보세요.

숫자를 차례대로 이어 낮은음자리표를 완성해 보세요.

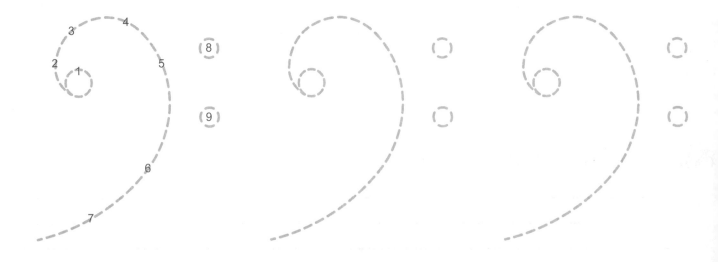

낮은음자리표를 따라서 그리고 써 보세요.

넷째 줄

낮은음자리표 　낮은음자리표

 오선에 낮은음자리표를 따라서 그려 보세요.

 오선에 낮은음자리표를 스스로 그려 보세요.

가운데 도

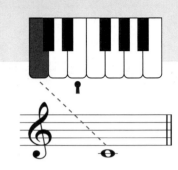

 가운데 '도'를 따라 그리고 계이름을 써 보세요.

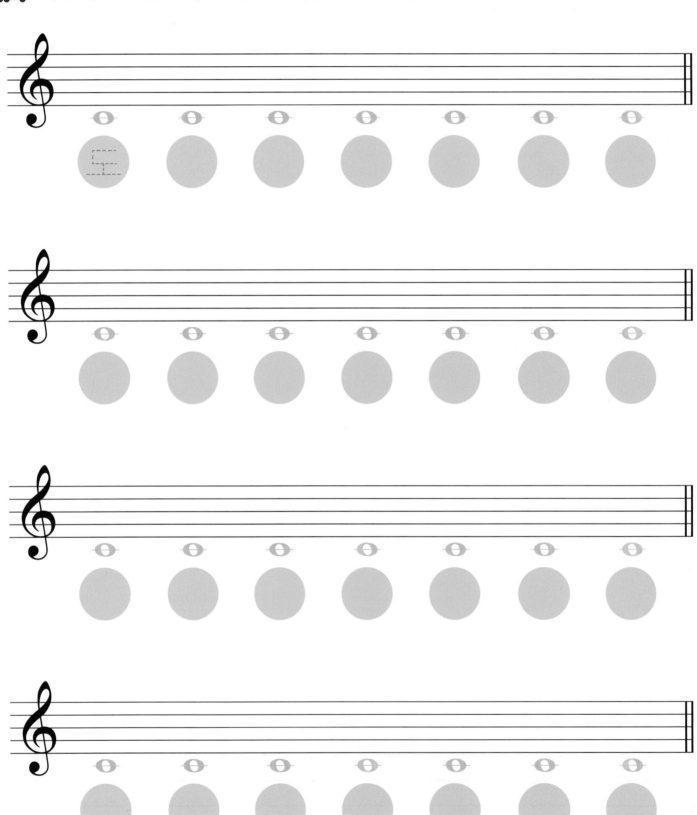

 ●에 계이름을 쓰고 알맞은 건반을 줄로 이으세요.

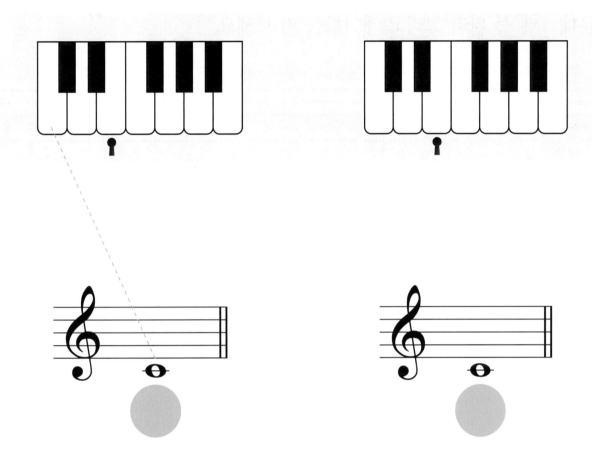

 가운데 '도'를 찾아 전부 ♡ 해 보세요.

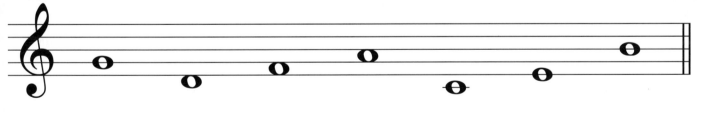

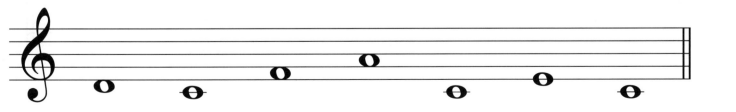

가운데 레

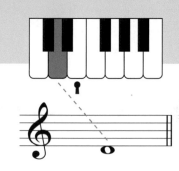

 가운데 '레'를 따라 그리고 계이름을 써 보세요.

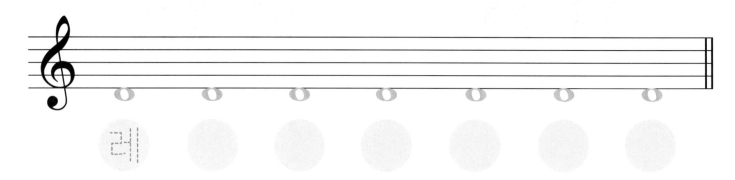

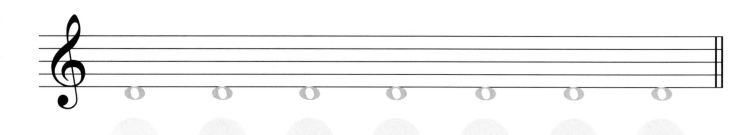

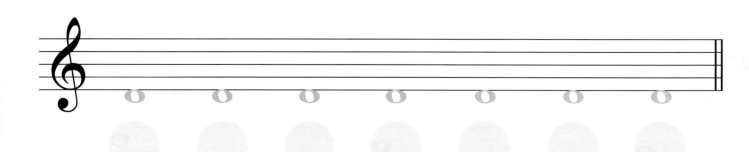

 에 계이름을 쓰고 알맞은 건반을 줄로 이으세요.

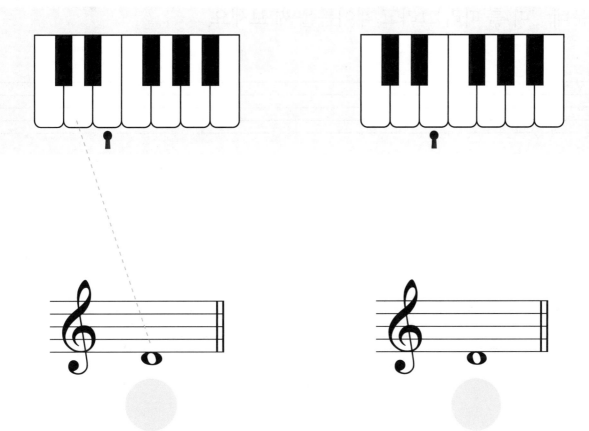

 가운데 '레'를 찾아 전부 ◯ 해 보세요.

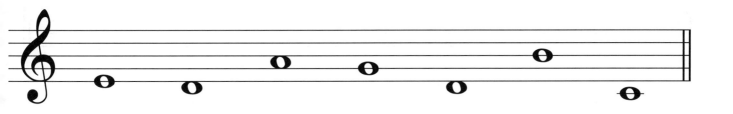

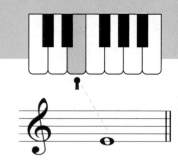

 가운데 '미'를 따라 그리고 계이름을 써 보세요.

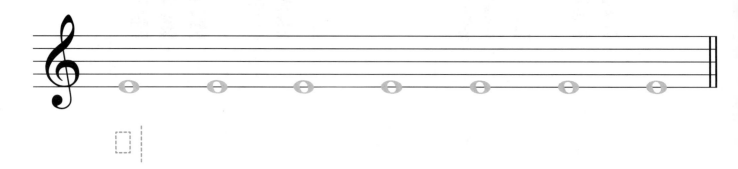

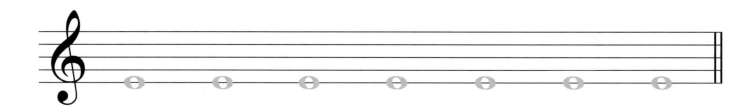

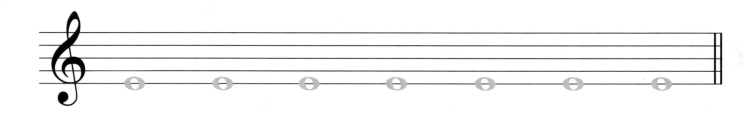

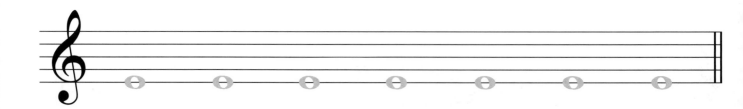

에 계이름을 쓰고 알맞은 건반을 줄로 이으세요.

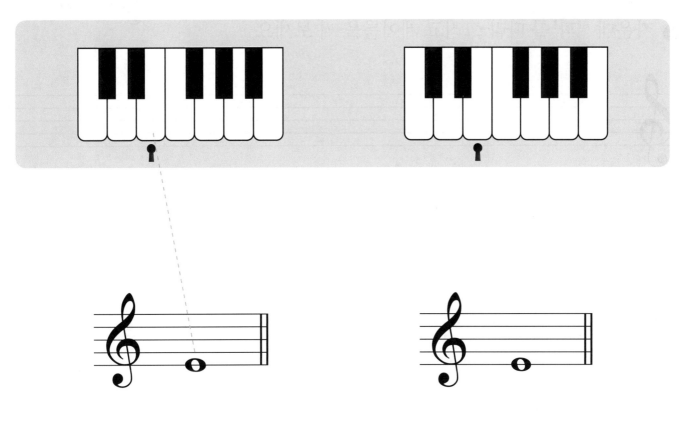

 가운데 '미'를 찾아 전부 ⭕ 해 보세요.

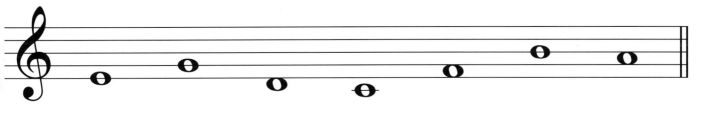

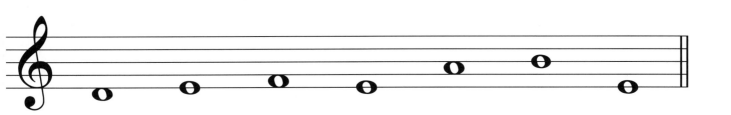

29

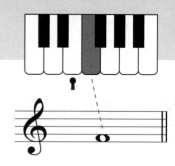

 가운데 '파'를 따라 그리고 계이름을 써 보세요.

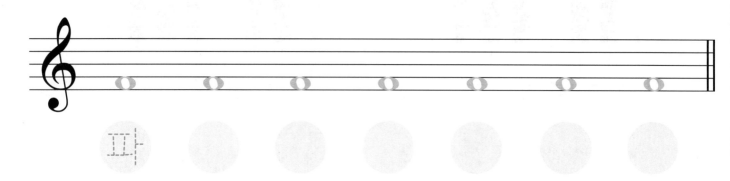

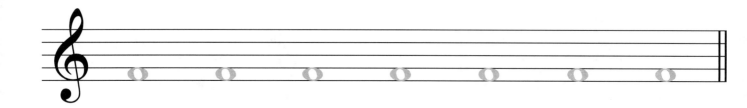

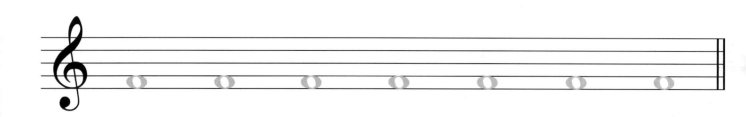

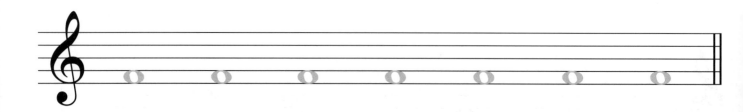

 에 계이름을 쓰고 알맞은 건반을 줄로 이으세요.

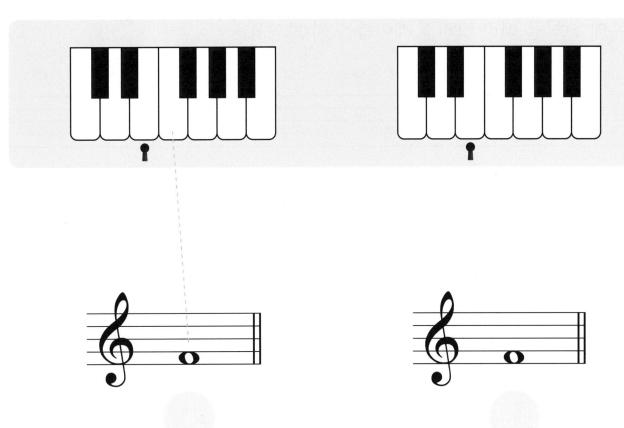

 가운데 '파'를 찾아 전부 ◯ 해 보세요.

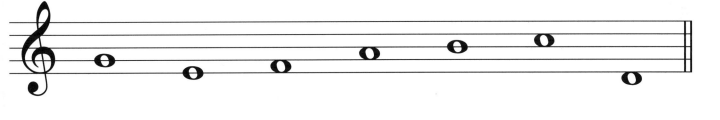

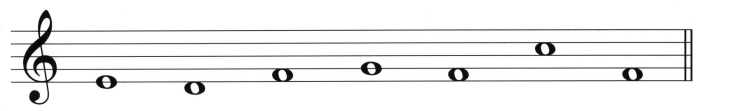

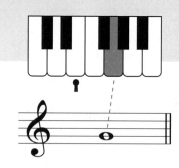

가운데 솔

 가운데 '솔'을 따라 그리고 계이름을 써 보세요.

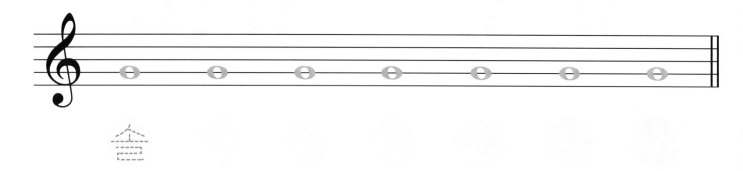

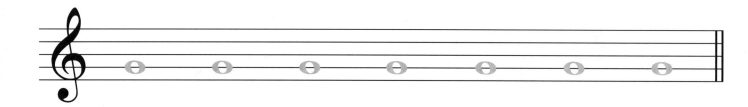

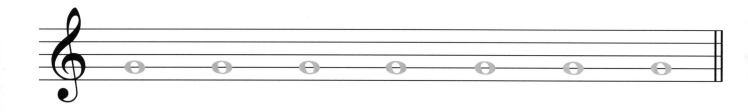

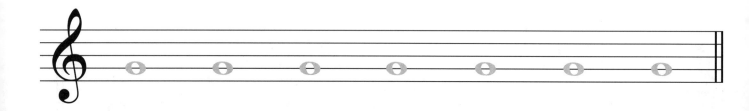

 에 계이름을 쓰고 알맞은 건반을 줄로 이으세요.

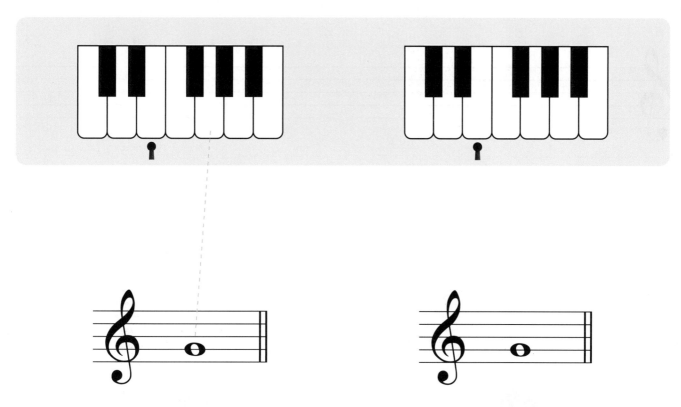

 가운데 '솔'을 찾아 전부 ◯ 해 보세요.

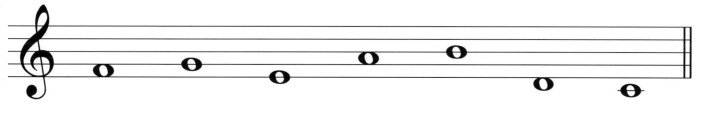

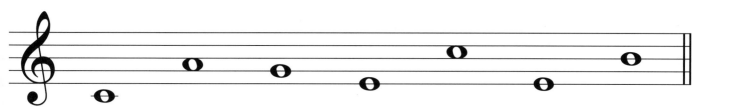

가운데 '도·레·미·파·솔'

🚌 가운데 '도·레·미·파·솔'을 그리고 ⬤ 에 계이름을 써 보세요.

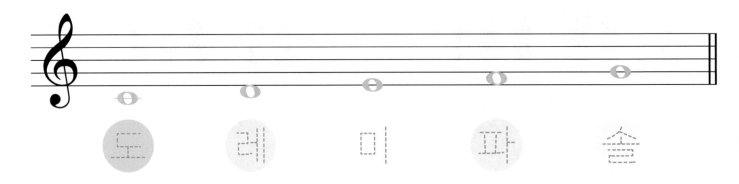

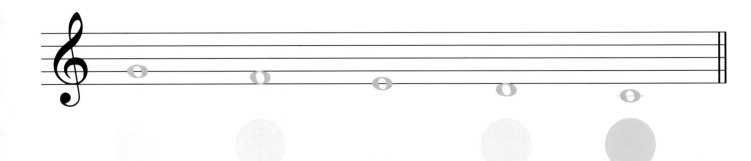

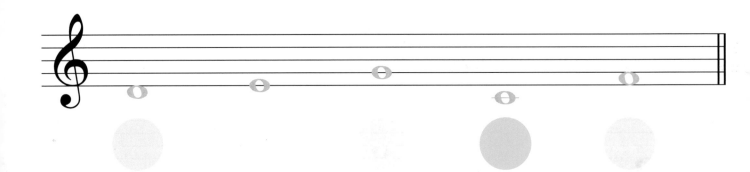

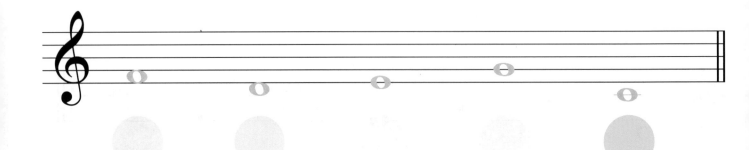

 ◯ 에 계이름을 쓰고 알맞은 건반을 줄로 이으세요.

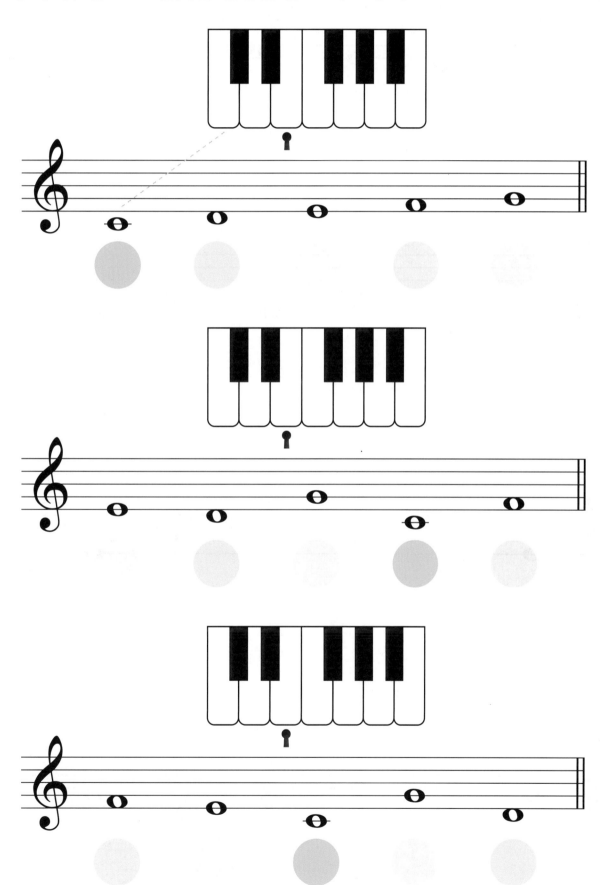

에 알맞은 계이름을 써 보세요.

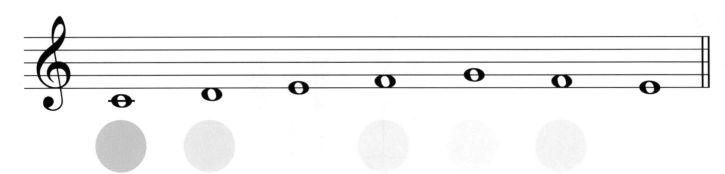

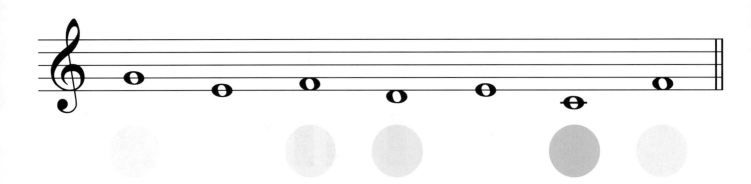

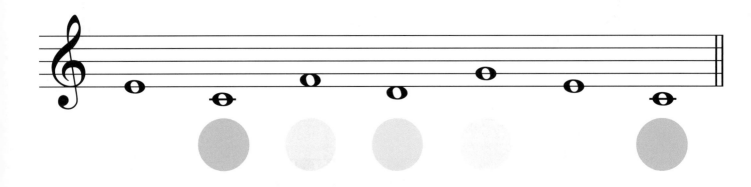

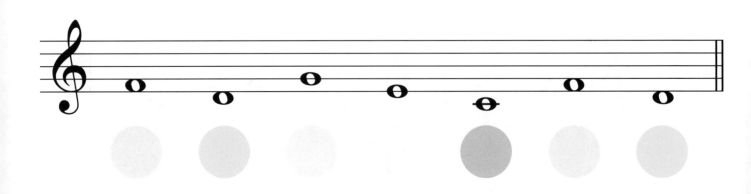

에 알맞은 계이름을 써 보세요.

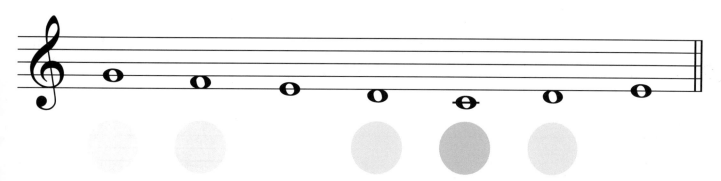

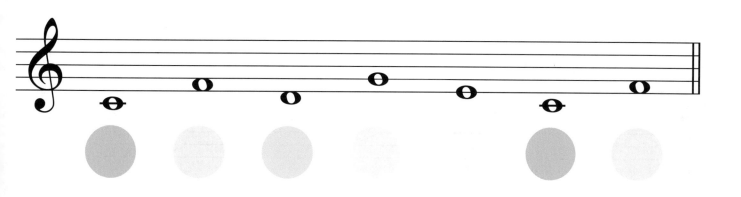

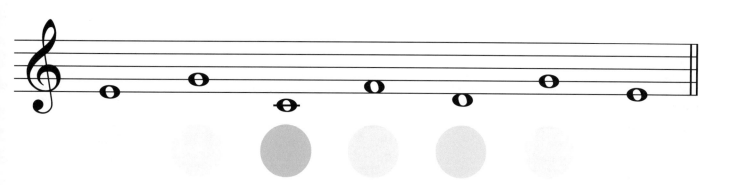

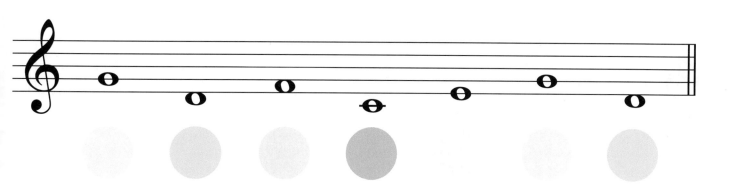

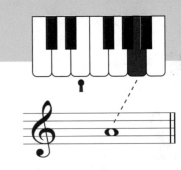

가운데 라

 가운데 '라'를 따라 그리고 계이름을 써 보세요.

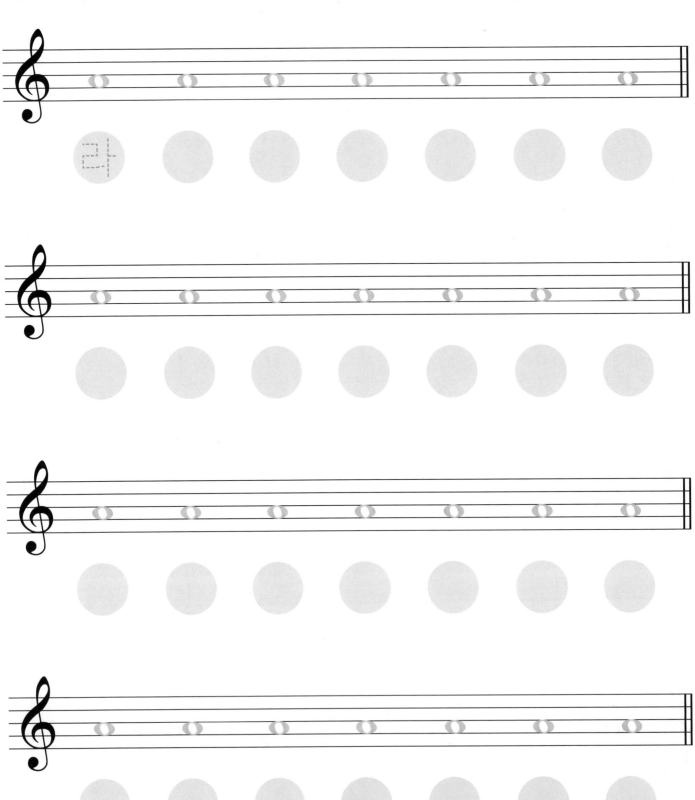

 ◯ 에 계이름을 쓰고 알맞은 건반을 줄로 이으세요.

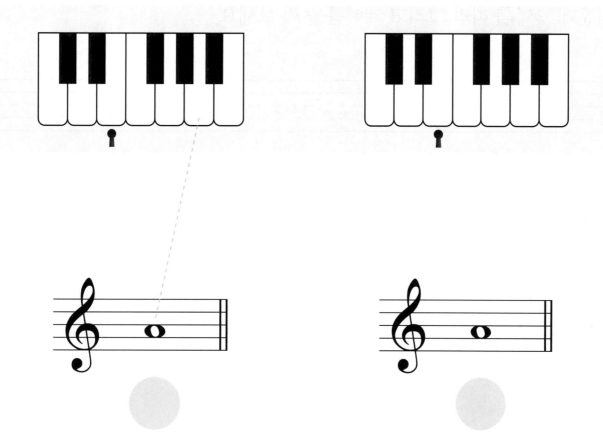

 가운데 '라'를 찾아 전부 ◯ 해 보세요.

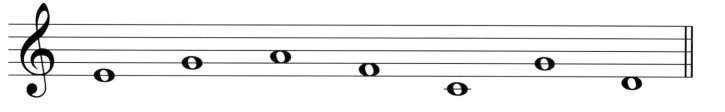

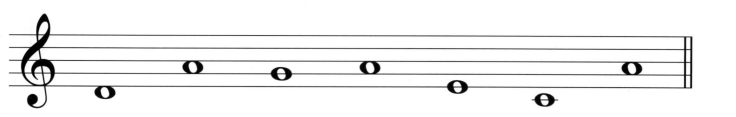

가운데 시

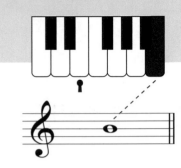

가운데 '시'를 따라 그리고 계이름을 써 보세요.

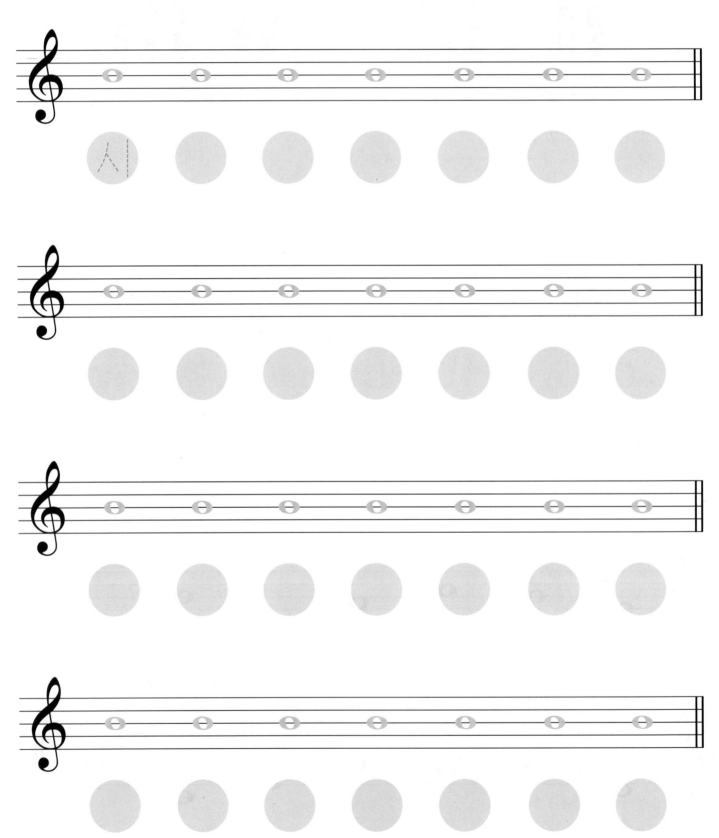

 ● 에 계이름을 쓰고 알맞은 건반을 줄로 이으세요.

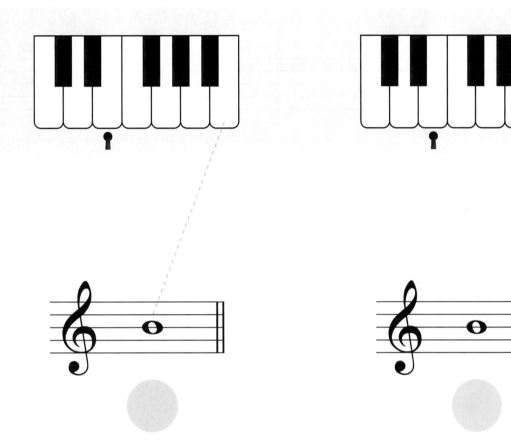

 가운데 '시'를 찾아 전부 ⬭ 해 보세요.

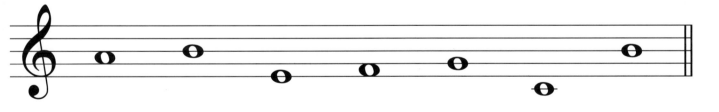

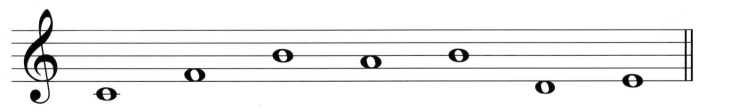

가운데 '도~시'

가운데 '도~시'를 따라 그리고 ◯ 에 계이름을 써 보세요.

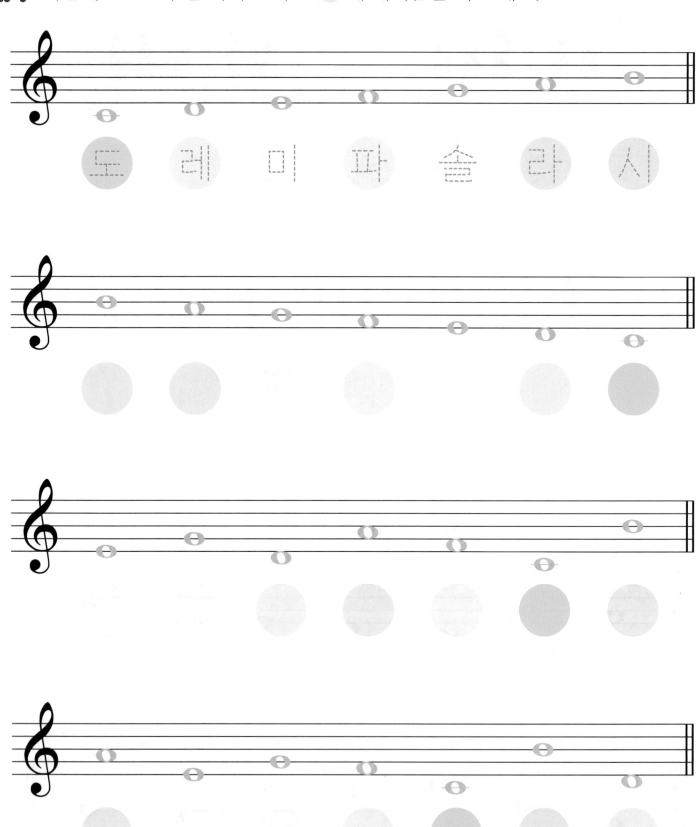

 에 계이름을 쓰고 알맞은 건반을 줄로 이으세요.

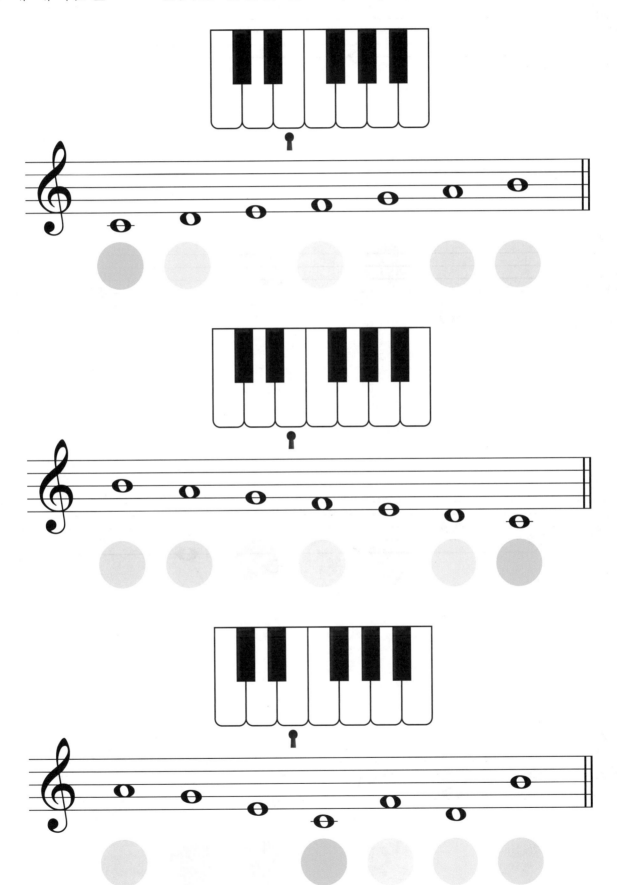

에 알맞은 계이름을 써 보세요.

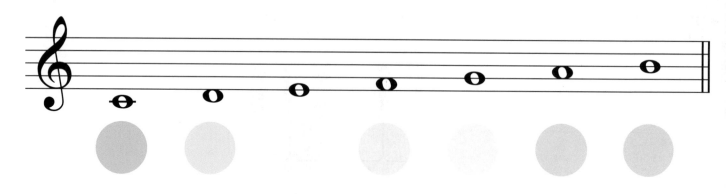

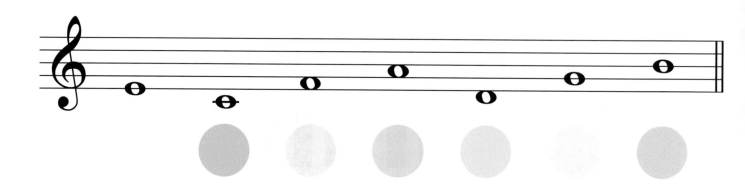

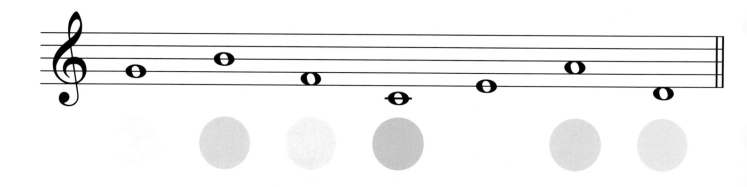

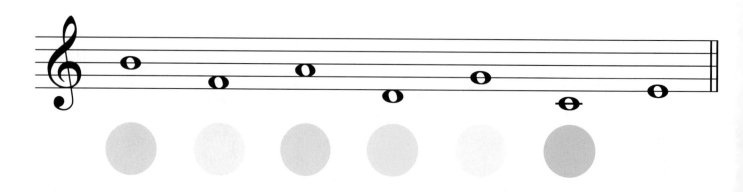

에 알맞은 계이름을 써 보세요.

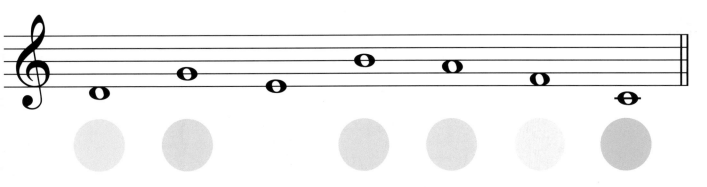

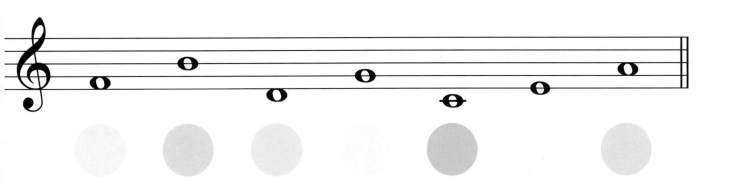

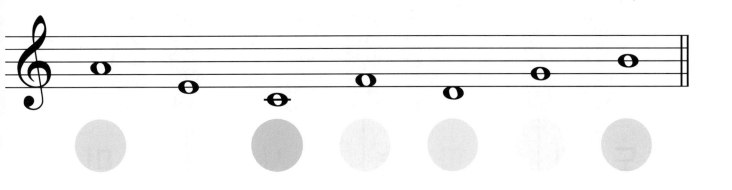

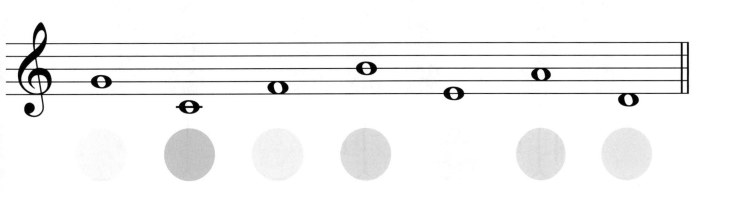

🚌 ⬜ 안에 오선의 줄과 칸 이름을 써 보세요.

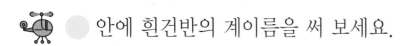

🚁 ⚪ 안에 흰건반의 계이름을 써 보세요.

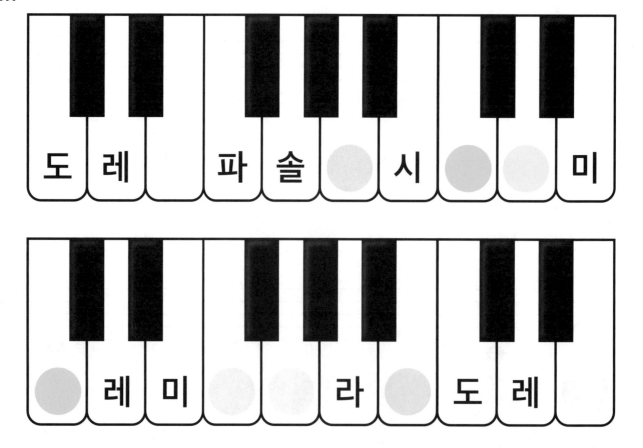

 따라서 그리고, 써 보세요.

높은음자리표   낮은음자리표

🛵 ⬤ 에 계이름을 쓰고 알맞은 건반을 줄로 이으세요.

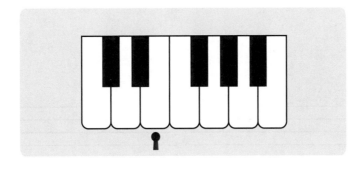

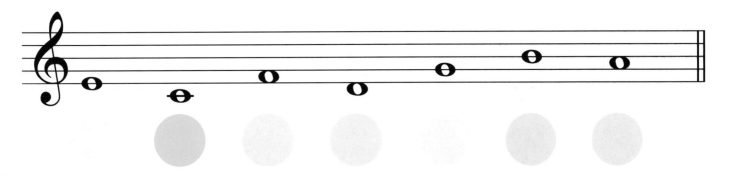

아래 도

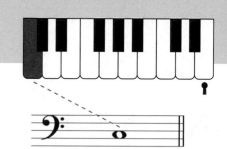

 아래 '도'를 따라 그리고 계이름을 써 보세요.

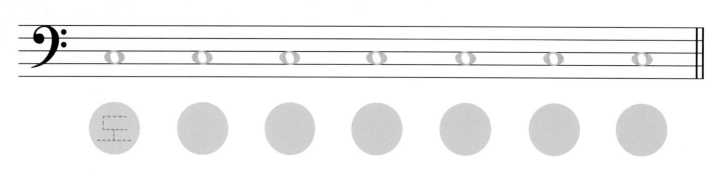

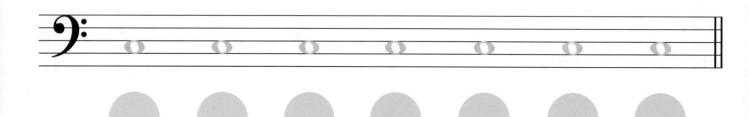

 에 계이름을 쓰고 알맞은 건반을 줄로 이으세요.

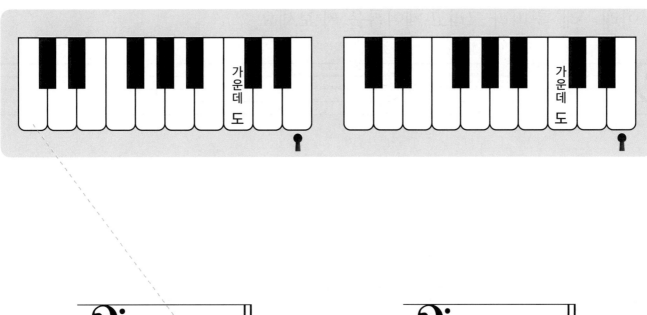

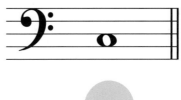

 아래 '도'를 찾아 전부 ♡ 해 보세요.

아래 레

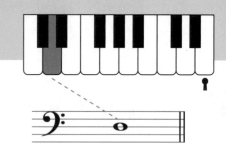

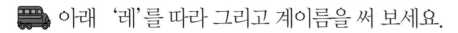 아래 '레'를 따라 그리고 계이름을 써 보세요.

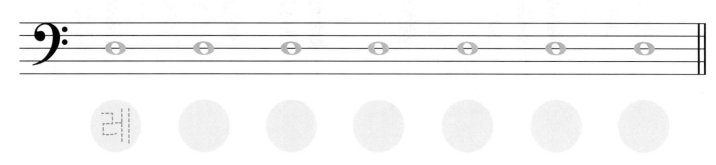

레

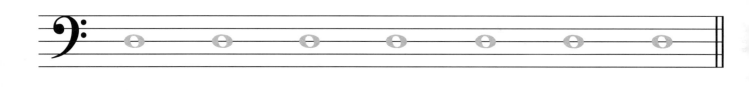

 에 계이름을 쓰고 알맞은 건반을 줄로 이으세요.

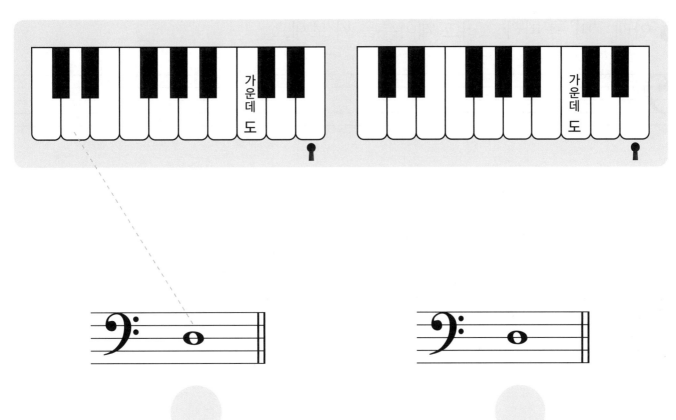

 아래 '레'를 찾아 전부 ◯ 해 보세요.

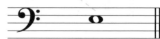

아래 '미'를 따라 그리고 계이름을 써 보세요.

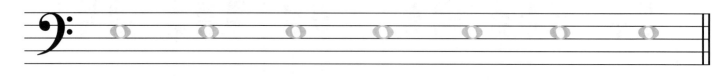

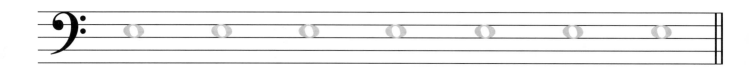

 에 계이름을 쓰고 알맞은 건반을 줄로 이으세요.

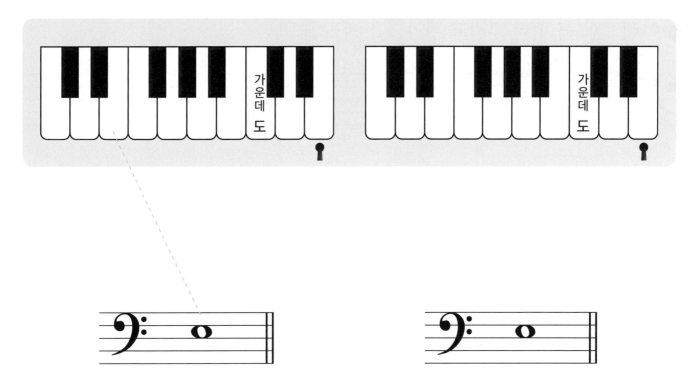

 아래 '미'를 찾아 전부 ◯ 해 보세요.

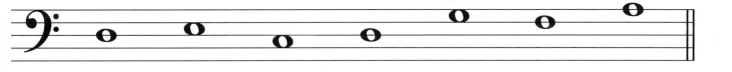

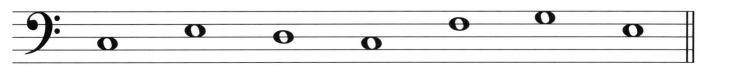

아래 파

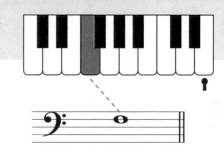

 아래 '파'를 따라 그리고 계이름을 써 보세요.

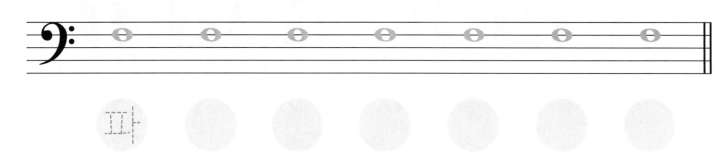

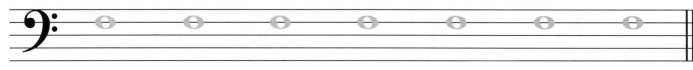

 에 계이름을 쓰고 알맞은 건반을 줄로 이으세요.

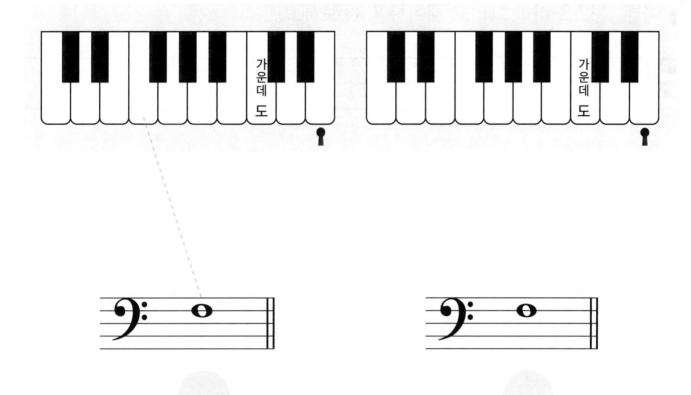

 아래 '파'를 찾아 전부 ◯ 해 보세요.

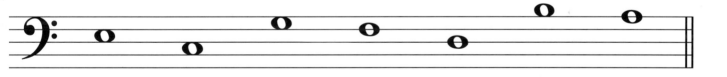

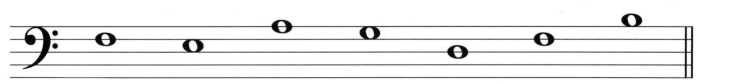

아래 솔

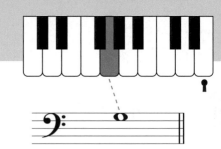

 아래 '솔'을 따라 그리고 계이름을 써 보세요.

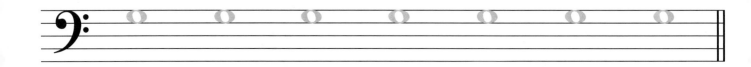

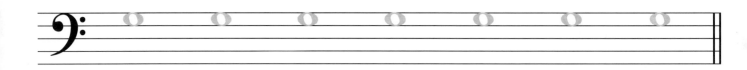

 에 계이름을 쓰고 알맞은 건반을 줄로 이으세요.

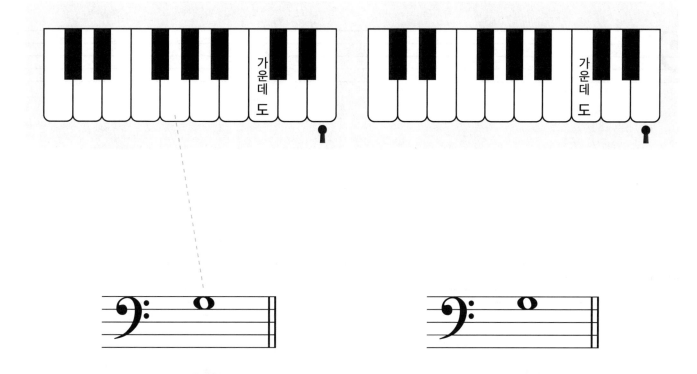

 아래 '솔'을 찾아 전부 ○ 해 보세요.

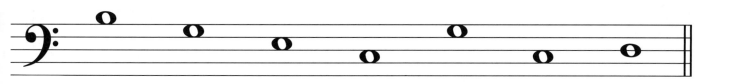

아래 '도·레·미·파·솔'

아래 '도·레·미·파·솔'을 따라 그리고 ◯ 에 계이름을 써 보세요.

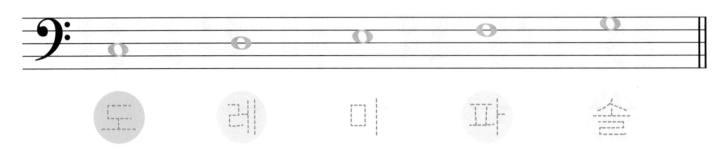

도　　레　　미　　파　　솔

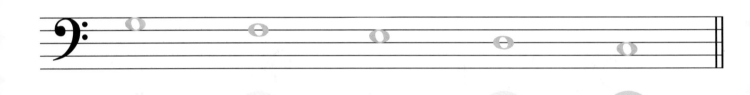

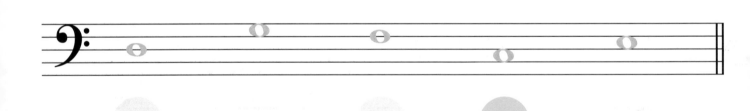

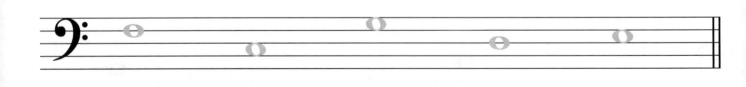

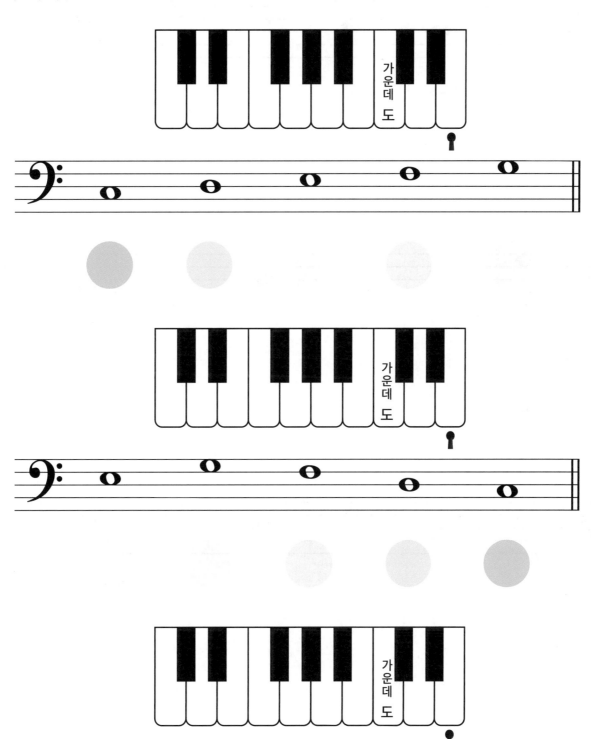

59

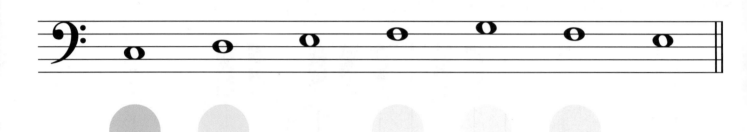 에 알맞은 계이름을 써 보세요.

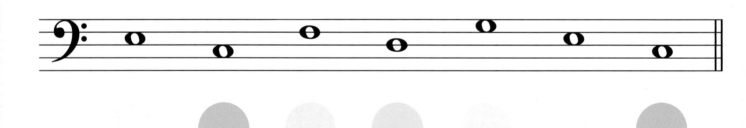

 에 알맞은 계이름을 써 보세요.

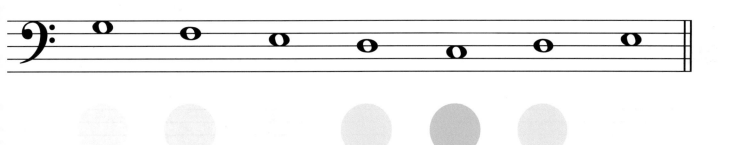

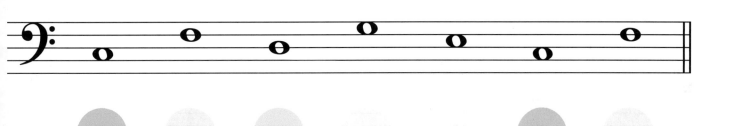

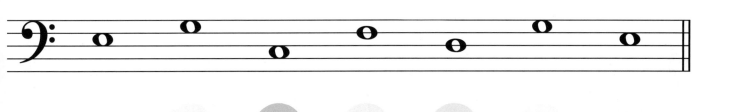

아래 라

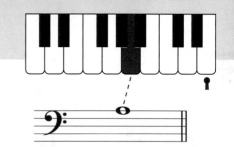

🚌 아래 '라'를 따라 그리고 계이름을 써 보세요.

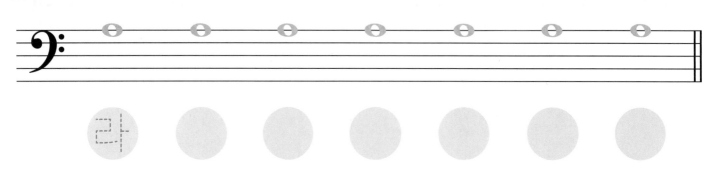

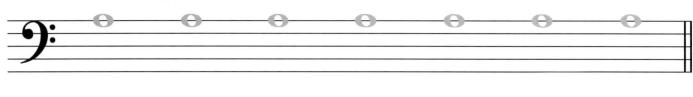

◯에 계이름을 쓰고 알맞은 건반을 줄로 이으세요.

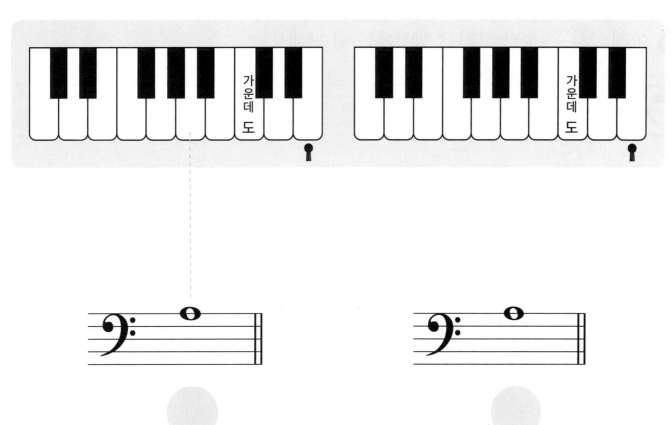

 아래 '라'를 찾아 전부 ◯ 해 보세요.

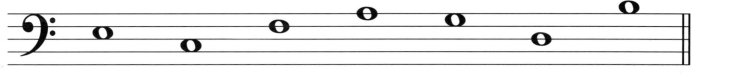

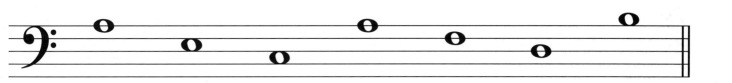

아래 시

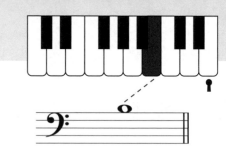

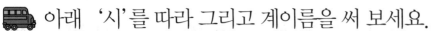 아래 '시'를 따라 그리고 계이름을 써 보세요.

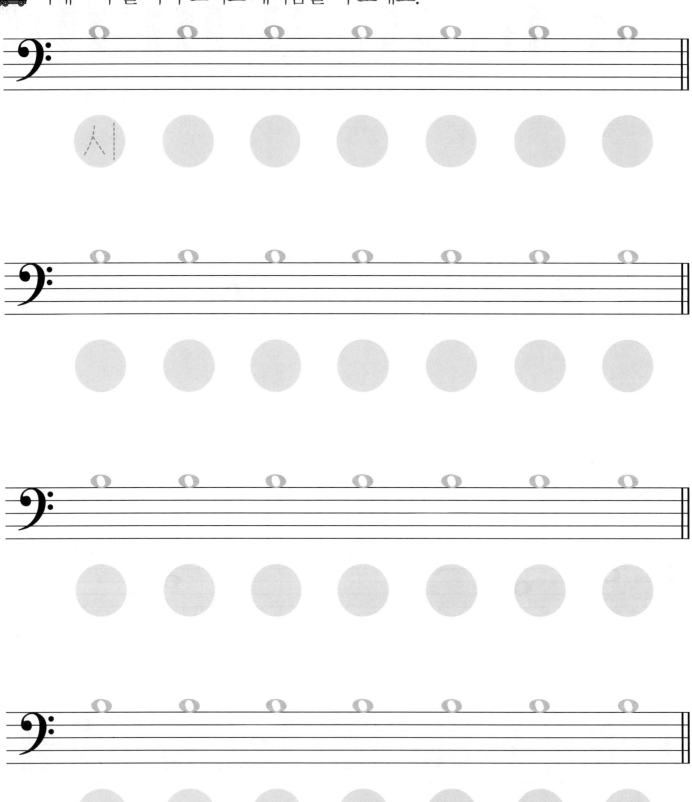

 ◯에 계이름을 쓰고 알맞은 건반을 줄로 이으세요.

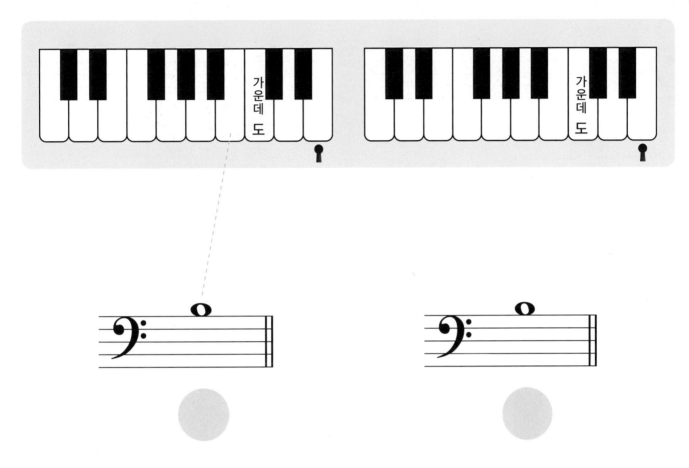

 아래 '시'를 찾아 전부 ◯해 보세요.

아래 '도~시'

아래 '도~시'를 따라 그리고 ◯ 에 계이름을 써 보세요.

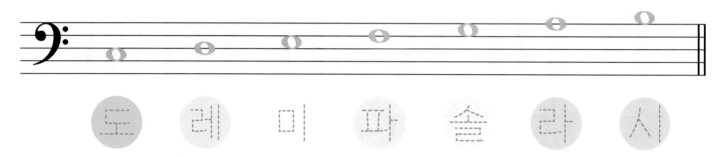

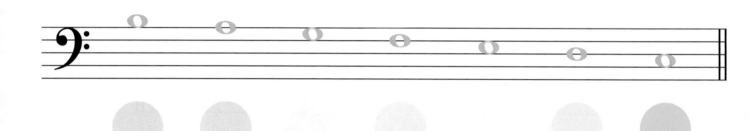

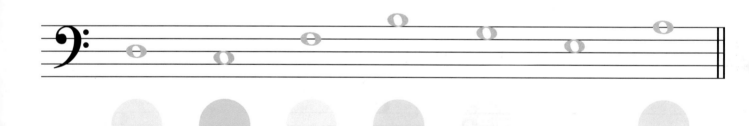

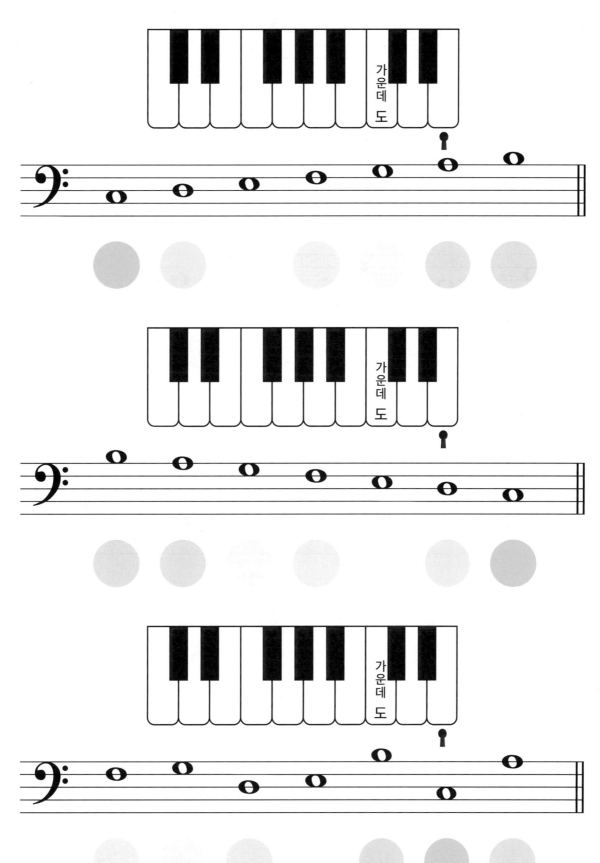

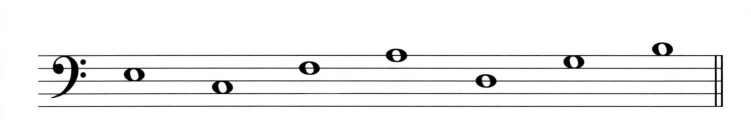

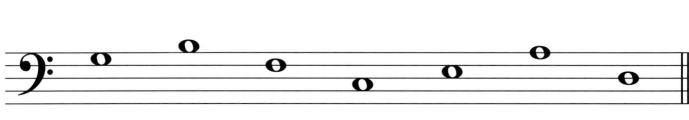

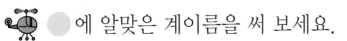 에 알맞은 계이름을 써 보세요.

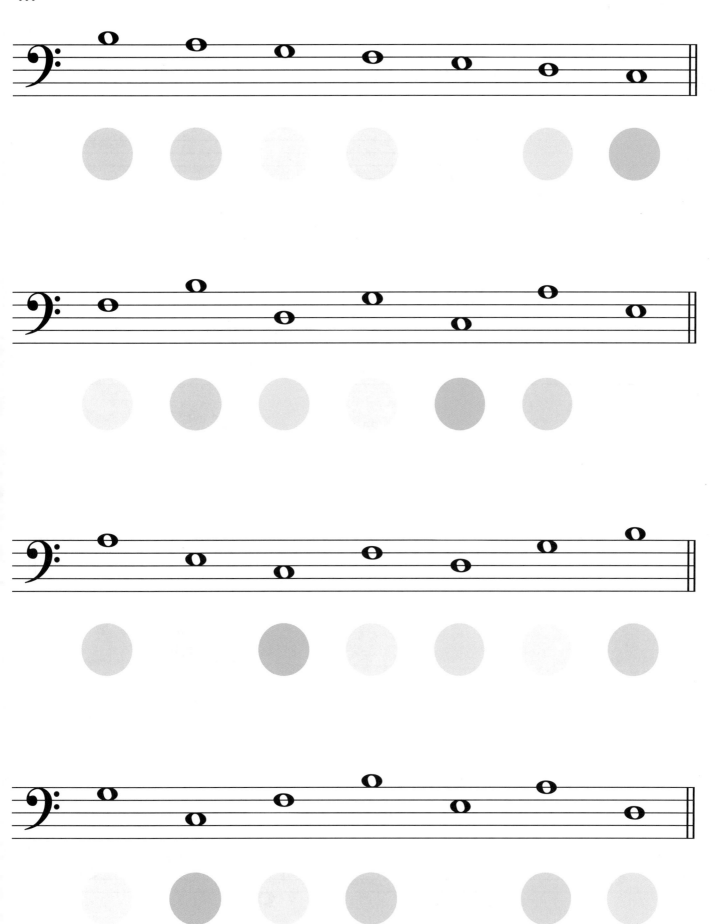

위의 도

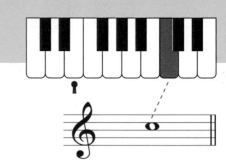

 위의 '도'를 그리고 계이름을 써 보세요.

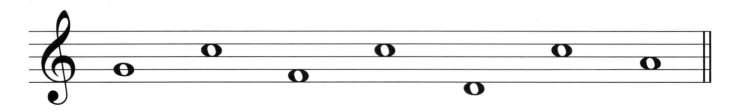 위의 '도'음을 찾아 전부 ♡ 해 보세요.

위의 레

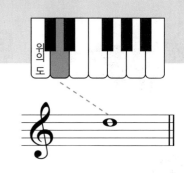

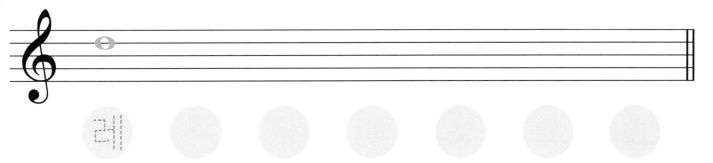

위의 '레'를 그리고 계이름을 써 보세요.

레

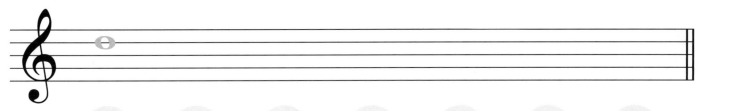

위의 '레' 음을 찾아 전부 ◯ 해 보세요.

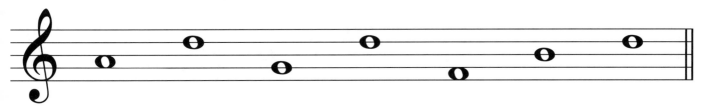

위의 미

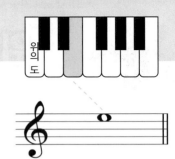

 위의 '미'를 그리고 계이름을 써 보세요.

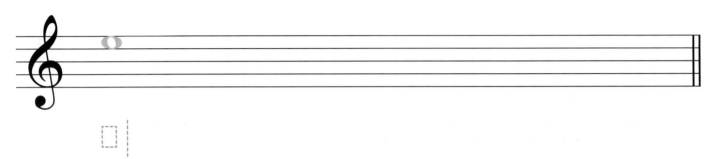

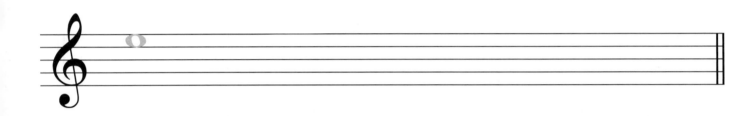

위의 '미' 음을 찾아 전부 ◯ 해 보세요.

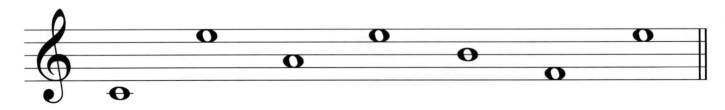

위의 파

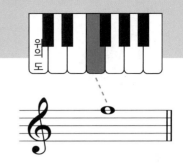

🚐 위의 '파'를 그리고 계이름을 써 보세요.

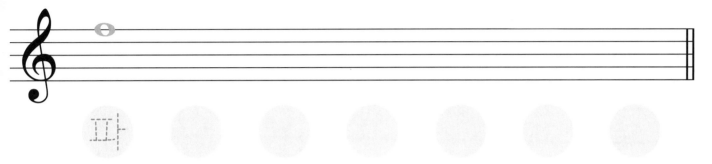

파

🐝 위의 '파' 음을 찾아 전부 ○ 해 보세요.

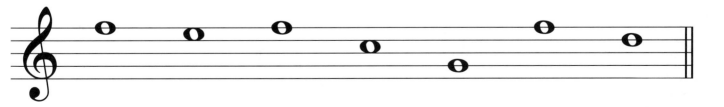

위의 솔

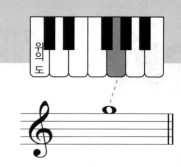

 위의 '솔'을 그리고 계이름을 써 보세요.

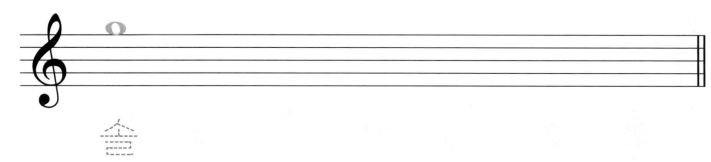

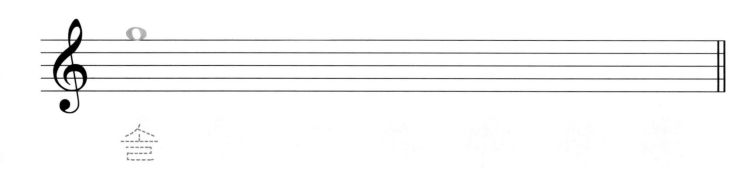

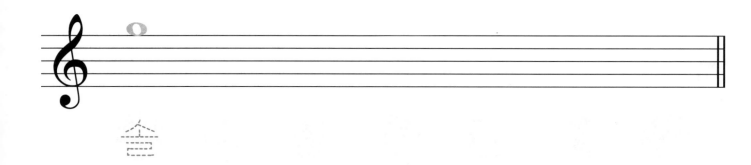

위의 '솔' 음을 찾아 전부 ⚪ 해 보세요.

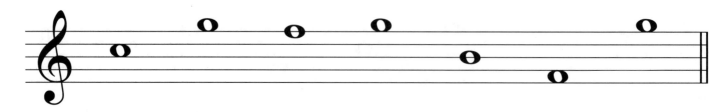

위의 '도·레·미·파·솔'

위의 '도·레·미·파·솔'을 따라 그리고 ◯ 에 계이름을 써 보세요.

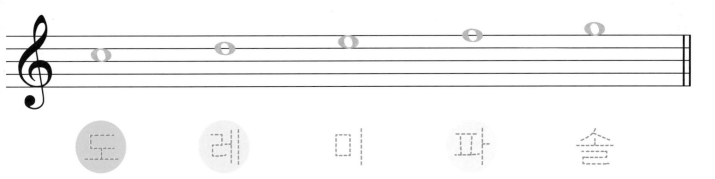

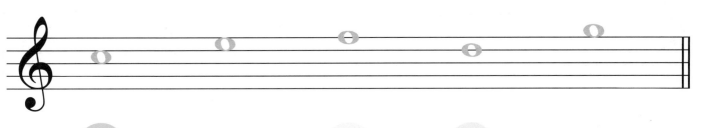

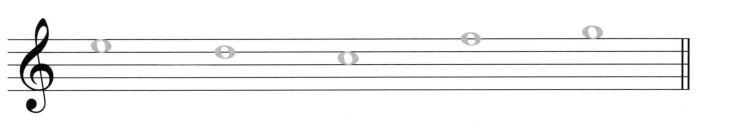

에 알맞은 계이름을 써 보세요.

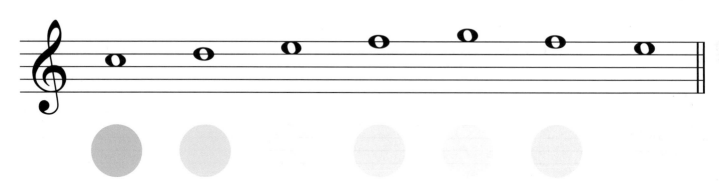

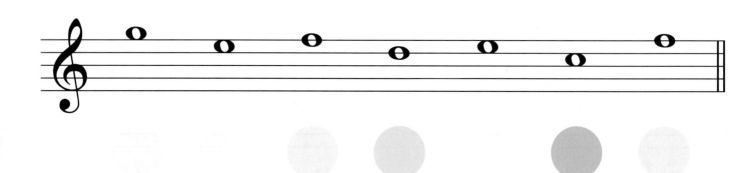

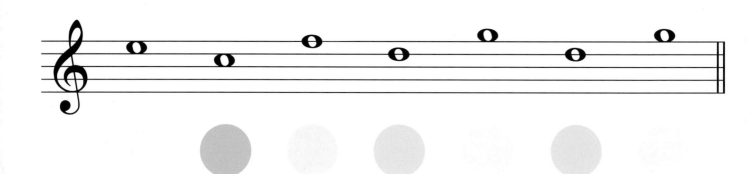

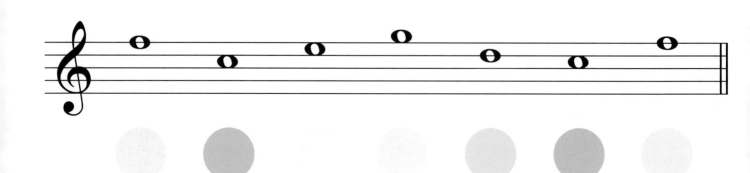

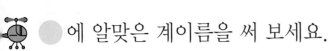

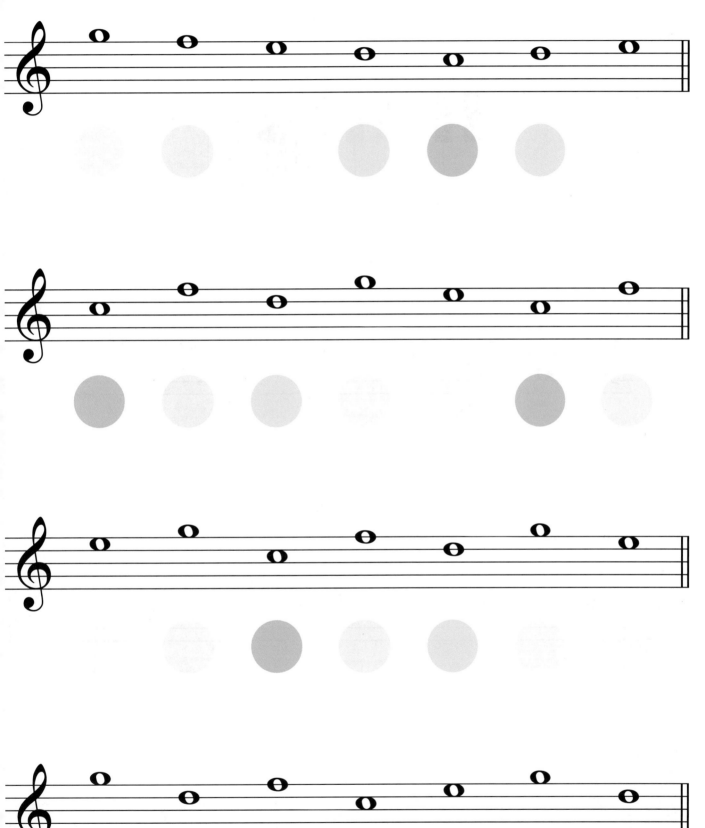

 에 계이름을 쓰고, 알맞은 건반을 줄로 이으세요.

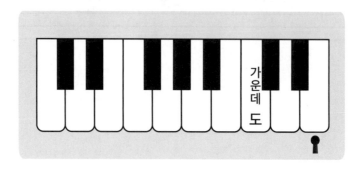

 에 알맞은 계이름을 써 보세요.

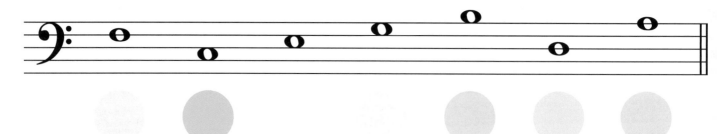

 ⬤ 에 계이름을 쓰고, 알맞은 건반을 줄로 이으세요.

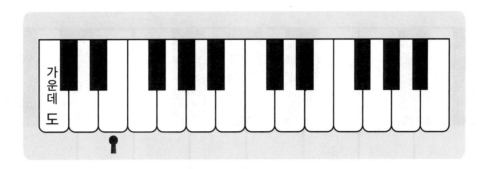

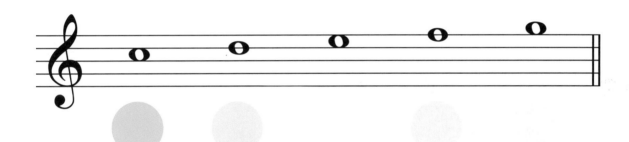

 ⬤ 에 알맞은 계이름을 써 보세요.

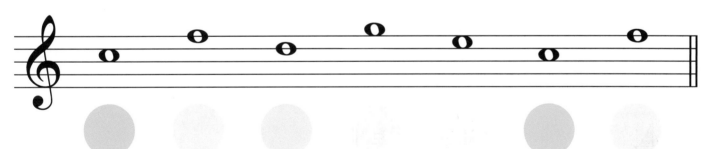

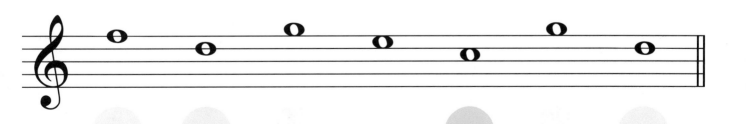

 ◯에 흰건반의 계이름을 써 보세요.

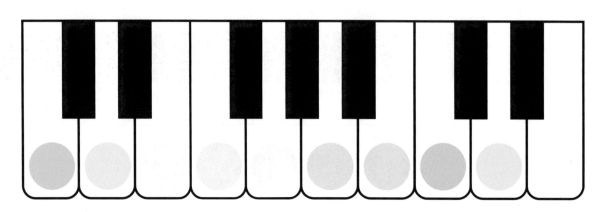

 ◻에 높은음자리표를 그려 보세요.

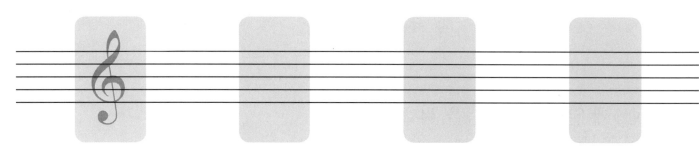

 에 낮은음자리표를 그려 보세요.

 ●에 계이름을 쓰고, 알맞은 건반을 줄로 이으세요.

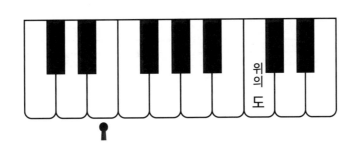

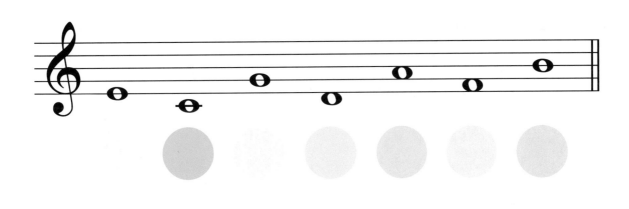

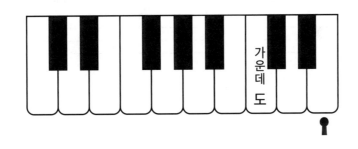

1권 총정리 2

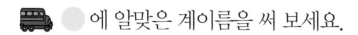

에 알맞은 계이름을 써 보세요.

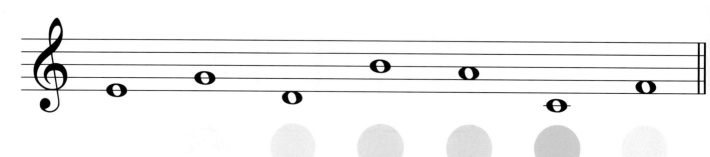

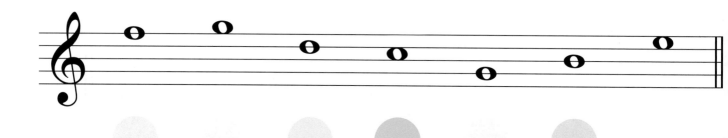

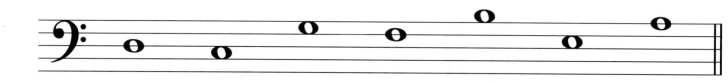

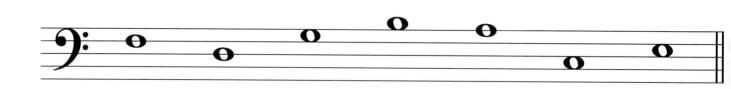

 에 알맞은 계이름을 써 보세요.

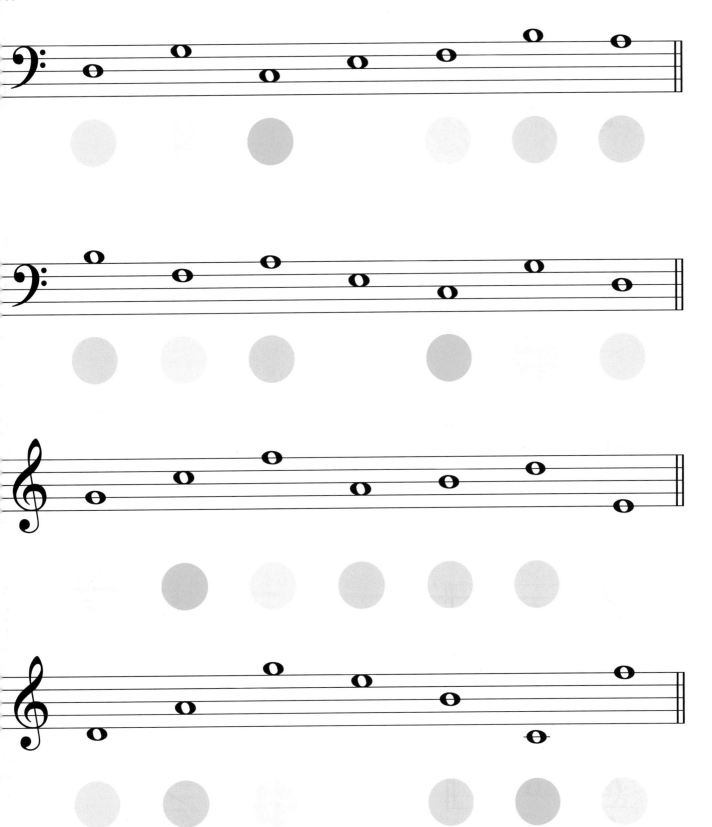

 같은 계이름끼리 연결해 보세요.

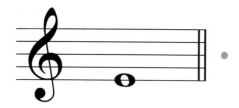 

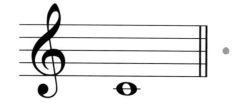 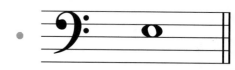

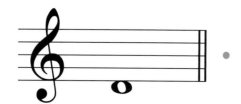 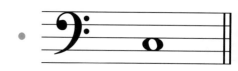

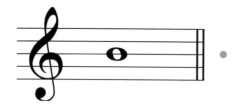 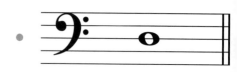

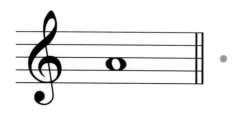 

 같은 계이름끼리 연결해 보세요.

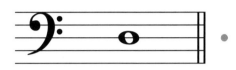   •   •

   •   •

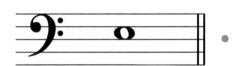   •   •

   •   •

   •   •

베스트 계이름 ①

발행일 2025년 3월 10일

발행인 남   용

발행처 일신서적출판사

주 소 서울시 마포구 독막로 31길 7

등 록 1969년 9월 12일 (No. 10-70)

전 화 (02) 703-3001~5 (영업부)

　　　　(02) 703-3006~8 (편집부)

F A X (02) 703-3009

I S B N 978-89-366-2893-2 94670

　　　　978-89-366-2892-5 (세트)

---

www.ilsinbook.com

수료증

이 름

_____

위 어린이는 ^{쉬운 EASY}베스트 계이름 ❶ 과정을
훌륭하게 마쳤으므로 이 수료증을 드립니다.
많이 칭찬해 주세요. 축하합니다!
이어서 ^{쉬운 EASY}베스트 계이름 ❷ 를 시작하세요.

년   월   일

_____

선생님

_____